W0317491

Smalltalk

Mit Small Talk und Kommunikationstraining zwischenmenschliche Beziehungen und Kommunikation lernen und verbessern

Steigern Sie Ihre Ausstrahlung im Beruf und im Alltag

©2018, Max Krone
1. Auflage
Alle Rechte vorbehalten.
Kein Teil aus diesem Buch darf in irgendeiner Form ohne Genehmigung des Autors reproduziert werden

Smalltalk - besser plaudern lernen und Gespräche am Laufen halten im Business und privat

Es gibt diese Menschen, die keine Probleme damit haben, in kürzester Zeit neue Personen in ihrem Umfeld kennenzulernen und genauso überzeugend im Berufsleben sind, wenn es darum geht, Gespräche zu führen, ohne gleich in tief greifende Diskussionen und Monologe zu verfallen.

Sie legen einen strahlenden Auftritt hin und sind immer ein angenehmer Gesprächspartner, mit dem eine Unterhaltung große Freude bereitet. Selbst bei einem Geschäftsessen schaffen sie es, eventuelle Problematiken gekonnt zu umschiffen und eine lockere Unterhaltung zu führen.

Sie hinterlassen das Bild einer angenehmen Persönlichkeit.

Welches Geheimrezept nutzen diese Personen, um als freundlicher, liebenswürdiger Gesprächspartner gesehen zu werden? Diese Frage ist schnell beantwortet. Genau diese Personen beherrschen Gesprächsführung und wissen genau, worauf es ankommt, welche Form von Gesprächstaktik, in welcher Situation angebracht ist und nutzen diese im richtigen Moment.

Sie nutzen Smalltalk für zwanglose Gespräche und geben dem Gegenüber ein positives Gefühl.

Anderen fehlt diese Fähigkeit. Sie haben eine gewisse Scheu und gehen nicht auf andere zu, weil Sie Angst haben, etwas Falsches zu sagen oder sich zu blamieren. Im normalen Leben, genauso wie im Job gibt es immer Gegebenheiten, wo Ihre Meinung gefragt ist oder Ihr gegenüber einfach nur lockere Konversation führen möchte. Letztere Situation ist genau diese, wo dass Sie lockere Gespräche in Form von Smalltalk führen zu können.

Grundsätzlich gestaltet sich ein lockeres Gespräch sehr einfach und angenehm, wenn Sie diese Art und Weise der Gesprächsführung beherrschen. Smalltalk bedeutet nämlich nichts anderes, als Gespräche ohne Tiefgang zu führen.

Wenn Sie den Begriff einmal auseinandernehmen, wird Ihnen schnell klar, dass „small" klein und „talk" sich unterhalten, mit anderen Menschen kleine Gespräche führen bedeutet.

Bei Ihren engen Freunden werden Sie diese Gesprächsform weniger nutzen, weil Sie

Vertrauen zu den Personen haben und sie in Ihre Seele schauen dürfen.

Smalltalk ist eine Art der Gesprächsführung, die Sie mit fremden Personen betreiben, um sich galant in jedem gesellschaftlichen Umfeld zu bewegen.

Leichte Gespräche sind nicht nur amüsant, sondern strahlen eine gewisse Unbeschwertheit aus. Und genau das können Sie auch, wenn Sie wissen wie Smalltalk funktioniert.

1. Ist Smalltalk, Klatsch, Palaver, Plaudern und phatische Kommunikation das Gleiche?

Das allgemeine Verständnis von Smalltalk definiert sich über die Begriffe Alltagsgespräche, Geplänkel, Plaudereien und wird auch als Klatsch, Tratschen, Plauschen oder Schwatzen umgangssprachlich bezeichnet.

Die Gespräche entstehen spontan und zufällig und werden in umgangssprachlicher Ausdrucksweise geführt. Dabei geht es Vielfach um Themenbereich des Privatlebens.

Bei solchen Gesprächen sind hierarchische Abweichungen weitestgehend nicht von Bedeutung. Sie rücken in den Hintergrund, da sie nicht als relevant erachtet werden. Wie das Wort schon aussagt, werden Alltagsgespräche im Alltag geführt, sind auf das alltägliche Leben ausgerichtet, benötigen keine Planung wie beispielsweise ein Gespräch mit dem Chef wegen einer Gehaltserhöhung.

Sie werden in bestimmten Situationen geführt und beschreiben eine Wechselbeziehung zwischen den beiden Personen, die sich gerade unterhalten.

Wer sich einmal genauer mit Gesprächsführungsstrategien auseinandersetzt, wird feststellen, dass am Anfang oder am Ende von ernsthaften Unterredungen Smalltalk geführt wird.

Diese Plaudereien dienen dazu, Gemeinsamkeiten zwischen den Gesprächspartnern herauszufinden. Smalltalk wird in solchen Situationen geplant und nicht spontan eingesetzt.

In manchen Bereichen wird die Plauderei auch sehr ausgiebig genutzt, damit anschließend ein ernsthaftes, zielführendes Gespräch erst möglich ist. Diese Form der Gesprächsführung kommt in einem gesellschaftlich schwachen und gemeinschaftlich starken sozialen Umfeld zum Einsatz.

Plaudereien und Plaudern sind informelle Gespräche, die über keinen bestimmten festen Inhalt verfügen, wo sich unterschiedliche Themen von jetzt auf gleich ergeben. Solche Gespräche werden außerhalb der Arbeit geführt und dienen nur der Information.

Plaudereien fließen aber auch bei formellen Gesprächen ein. Plaudern hat einen negativen Beigeschmack, wenn das „pladder" aus dem schwedischen oder „blaterare" aus dem lateinischen übersetzt wird. Es bedeutet frei übersetzt nichts anderes als dumm daher reden oder dummes Geschwätz.

Genauso gibt es Gesprächsregeln für Geplauder. Sie sind den Nutzern oftmals nicht bewusst. Geplauder entsteht, wenn sich in größeren Gesellschaften kleine Gruppen bilden und Gespräche in Kleingruppen führen. Die Plaudereien in kleinen Gruppen haben eine Anfangsphase, eine Hauptphase und einen Teil, in dem das Gespräch beendet wird.

Da es keinen Gesprächsleiter gibt, ergreift ein anderer Gesprächspartner nach zwanglosen, spontanen Regeln das Wort.

Bei lockeren Gesprächen fast sich der Redner immer kurz, greift das Thema des Gesprächs auf oder bringt es in eine andere Richtung, indem er ein neues Thema anschneidet.

Bei solchen Gesprächen merken Sie recht schnell, dass schwierige Themen auf Ablehnung stoßen und nicht behandelt werden möchten.

Gesprächspausen sind dafür da, dass andere Personen das Wort ergreifen können. Mitunter wird beim Plaudern auch der Gesprächspartner unterbrochen. Die Art, um das Wort zu ergreifen, hinterlässt aber immer einen unhöflichen Eindruck. Zwischenbemerkungen hingegen dienen der Bestätigung oder der Ablehnung der geäußerten Meinung.

Die belanglosen Gespräche werden in einer lockeren Atmosphäre, ohne Hierarchien und formelle Hindernisse geführt, sodass gute Ideen entstehen können, weil jeder Beteiligte die Möglichkeit hat, ohne Druck seine Meinung zu äußern. In formellen Gesprächen fehlt diese Lockerheit, weil die Angst viel zu groß ist, etwas Falsches zu sagen.

Smalltalk ist nichts anderes als Plaudern und gehört zum festen Bestandteil der heutigen Gesellschaft. In den Gesprächen werden peinliche Pausen galant umschifft. Solche Gespräche dienen ausschließlich dazu, die Atmosphäre aufzulockern, Interesse zu zeigen und den Gesprächspartner kennenzulernen. Gesprochen wird fast nur über allgemeine

Themen, da Ihnen der Gesprächspartner noch fremd ist.

Beim Smalltalk darf jeder seine Meinung haben. Dieses bietet den Vorteil, dass verschiedene Meinungen nicht gleich eine große Diskussion auslösen, sondern einfach im Raum stehen bleiben.

Von allgemeinen Themen lässt sich sehr gut eine Überleitung zu persönlichen Dingen finden. Daher läuft Smalltalk immer nach einem bestimmten Schema ab. Typische Einstiegsfragen gestalten sich beispielsweise folgendermaßen:

Wie geht es Dir?

Wie geht Dir und der Familie?

Um das Gespräch auf ein ergiebigeres Thema zu lenken und damit das Gespräch anzukurbeln, können Sie beispielsweise fragen, was die Person heute noch macht.

Smalltalk entsteht auch, wenn Sie einfach etwas loswerden möchten, was Ihnen auf der Seele brennt oder Sie beiläufig etwas Bestimmtes in Erfahrung bringen möchten. Dabei fließt im Gespräch das Thema ganz nebenbei ein. Wenn Sie von einem Thema abweichen möchten, weil dieses Ihnen gerade ungelegen erscheint, sind Fragen ein gutes Mittel.

Im Berufsleben wird Smalltalk als Erfolgskonzept gesehen. Denn wer die Kunst der Plauderei beherrscht, baut schneller eine persönliche Bindung zum Gegenüber auf. Durch Smalltalk werden Barrieren durchbrochen, die das Eis schneller schmelzen lassen.

Hilfreich ist das bei Vorstellungsgesprächen, Verkaufsmeetings und beim Kennenlernen von neuen Kollegen, mit denen Sie zusammenarbeiten werden. Die Kaffeeecke in einem Unternehmen ist prädestiniert für

Smalltalk und sorgt für ein angenehmes Arbeitsklima.

Smalltalk hat nicht nur positive, sondern auch negative Aspekte. So können Sie schnell Gefahr laufen, beim Plaudern zu unbefangen zu sein und damit anzuecken. Bei einem Arbeitsessen oder bei einem Kundentermin sollte nach Möglichkeit niemals über Religion, Politik, unbestätigte Gerüchte oder Krankheiten gesprochen werden.

Diese Form von kommunikativem Austausch gehört dort nicht hin, ist kontraproduktiv und lässt schnell unerwünschte Nachteile entstehen. Solche Gespräche sind kein Smalltalk. Es ist Klatsch, wo ein Austausch von Gerüchten und über nicht anwesende Personen stattfinden.

Smalltalk ist nicht nur verbal möglich. Pludern funktioniert auch im Chat mit anderen Personen. Allerdings fehlt dabei die nonverbale

Komponente, die sich durch Mimik, Gestik, Körperhaltung und Blickkontakt darstellt. Dafür gibt es aber beim Schreiben im Chat Emoticons, mit denen Sie Gefühle zum Ausdruck bringen und dem geschriebenen Wort Nachdruck verleihen.

Neben Smalltalk und Plaudern gibt es weitere Kommunikationsformen. Palaver ist ein Synonym mit einem bitteren Beigeschmack und kommt zum Einsatz für Alltagsgespräche ohne jeglichen Inhalt.

Eine weitere interessante Form der Gesprächsführung ist die phatische Kommunikation. Sie dient ausschließlich dazu, eine soziale Funktion zu erfüllen, ganz im Gegensatz zu Mitteilungen, Anweisungen und Informationsgesuchen.

Der Begriff wurde 1923 durch den polnischen Anthropologen Bronislaw Malinowski geprägt, der phatische Kommunikation folgendermaßen definiert:

Zitat: „…eine Art Rede, bei der durch den bloßen Austausch von Wörtern Bande der Gemeinschaft geschaffen werden.“

Eine typische Aussage der phatischen Kommunikation ist: „Das Wetter ist heute schön.“ Genauso gehören Floskeln und Grußformeln dazu.

1.2. Smalltalk – Einsatz und Wirkung

In vielen Bereichen wird Smalltalk eingesetzt. So dienen die Plaudereien bei Bewerbungsgesprächen dazu, den Eingeladenen besser kennenzulernen und nicht nur nach seiner fachlichen Kompetenz zu beurteilen.

Ein Personalchef hat Sie eingeladen, weil Ihre fachliche Kompetenz genau auf die Stellenausschreibung passt. Im persönlichen Gespräch geht es dem Personaler darum, die Person kennenzulernen, die hinter dieser Bewerbung und den Fähigkeiten steckt.

Wenn Sie die Kunst des Geplänkels beherrschen, hinterlassen Sie ein offenes kommunikatives Bild, wodurch Sie sympathisch wirken. Diese Komponenten sind neben der fachlichen Kompetenz verantwortlich dafür, ob Sie den gewünschten Job erhalten oder nicht.

Es gibt unterschiedliche Situationen, wo Smalltalk von Ihnen verlangt wird. Neben Bewerbungsgesprächen wird in folgenden Bereichen das Plaudern gefordert:

- Assessment-Centern
- Verkaufsgesprächen
- gesellschaftlichen Veranstaltungen
- Geschäftsessen
- Partys
- Firmenausflügen
- Networking

Unverfängliche Plaudereien öffnen Ihnen viele Türen. In einem Assessment-Center hinterlassen Sie durch ein solches Gespräch einen guten Eindruck.

Durch Smalltalk lassen sich auch in der gemeinsamen Mittagspause auf der Arbeit neue Kontakte knüpfen, die den Einstieg als Neuling in der Firma deutlich erleichtern. Damit gelingt Ihnen nicht nur ein besseres

Einschätzen Ihrer Kollegen. Vielmehr vermitteln Sie Ihren Kollegen einen ersten Eindruck über Ihre Person.

Für Smalltalk sind unterschiedliche Gesprächsthemen verwendbar. Die Themen können sich folgendermaßen gestalten:

- Sprechen Sie mit Ihrem Gegenüber über das Wetter.
- Reden Sie über den Beruf.
- Plaudern Sie über Sport oder Reisen.
- Nutzen Sie Filme, Kunst und Theater, um Smalltalk zu führen.

Bei unterschiedlichen Meinungen wird keine Grundsatzdiskussion geführt. Damit werden Streitigkeiten vermieden, die einen schlechten Eindruck hinterlassen.

Kulturelle Bereiche wie Kunst, Literatur und Theater sowie berufliche Gemeinsamkeiten sind gute Ausgangspunkte für Gespräche, die einen unverbindlichen Charakter haben sollen.

Gemäß einer Umfrage von Statista aus 2017 wird deutlich, zu welchem Zweck Smalltalk überwiegend genutzt wird. Das Ergebnis ist eigentlich nicht überraschend. Die Auswertung der Umfrage ergab folgendes:

- Neuigkeiten erfahren – 74 %
- Festigung von Beziehungen – 67 %
- besser Kennenlernen des Gesprächspartners – 65 %
- durch Gespräche Verbindungen herstellen – 64 %
- Spaß haben mit dem Gesprächspartner – 60 %

Tödlich sind hingegen Themen wie ethnische Herkunft, Religion, Geld, Politik, spöttische Bemerkungen und Lästereien über andere, nicht anwesende Personen genauso wie Tod.

Solche Themen sind pietätlos, zeigen wenig Charakter und führen dazu, dass Sie ganz automatisch ins Fettnäpfchen treten. Genauso wird das Thema Sexualität als unangenehm empfunden. Es ist ein Tabuthema und hat nichts im lockeren Gespräch mit fremden Personen zu suchen.

2. Besser Plaudern ist gekonnte Gesprächsführung und der Schlüssel zum Erfolg

Smalltalk ist vergleichbar mit dem Umwerben einer Person, da der erste Satz eine mystische Wirkung hat. Damit öffnen Sie sich ungeahnte Türen, die sonst verschlossen bleiben.

Smalltalk ist kein Sonderrecht für bestimmte Gesellschaftsgruppen, sondern im Zeitalter von Plaudereien ein wichtiger Bestandteil dessen, um sich in lockererer Runde auf Stehpartys und anderen Events mitzuteilen.

Wer lockere Gespräche über Belanglosigkeiten beherrscht, ist ein Meister der Konversation und hat den Schlüssel zum Erfolg in Händen.

Lockere Gespräche sind genau der Hebel, um Eis zwischen Fremden zu brechen und einen durchweg guten Eindruck zu hinterlassen.

Wer hingegen die falschen Worte wählt, stellt sich schnell ins Abseits und verspielt seine Chancen. Daher sollten Sie sich bewusst darüber sein, dass Smalltalk kein Präsentieren, sondern von jedem erlernbar ist. Diese gute Nachricht wird Sie sicherlich freuen!

Natürlich ist Plaudern im ersten Moment eine große Herausforderung und kostet eine Menge Überwindung. Doch den ersten Schritt schaffen Sie ganz einfach. Nutzen Sie die Gelegenheit, um sich selbst erst einmal vorzustellen.

Teilen Sie Ihrem gegenüber Ihren Namen mit und sagen ihm noch ein oder zwei Sätze zu Ihrer Person. Damit ist ein erster Anfang gemacht. Wenn Sie auf einem Business-Empfang Smalltalk beginnen möchten, sollten Sie in den ersten beiden Sätzen Ihren Beruf erwähnen.

Doch wann ist der richtige Zeitpunkt, Smalltalk zu beginnen?

Viele assoziieren Plaudern mit der ausgefeilten Redegewandtheit von Alleinunterhaltern, was allerdings auf Smalltalk gar nicht zutrifft. Vielmehr bedeutet es, die Kunst Gespräche unangestrengt, elegant und amüsant zu führen.

Wer sich bei solchen Gesprächen unter Druck setzt, um dem Gesprächspartner kommunikative Fähigkeiten zu beweisen, wird zwangsläufig aufdringlich sowie anstrengend wirken und scheitern.

Smalltalk ist eine Kommunikationsform, wo ein unverbindlicher Austausch stattfindet, um Gemeinsamkeiten zu entdecken, angenehmes Wohlbefinden in der Gesprächsrunde zu schaffen und Vertrauen aufzubauen. Smalltalk ist jederzeit, überall einsetzbar und lässt sich universell beim Gespräch mit Kollegen, als lockeres Gespräch im Lift, genauso wie als Plausch mit der Nachbarin und als kleine Unterhaltung beim Bus- und Straßenbahnfahren nutzen.

Allerdings gibt es auch solche Situationen, in denen Smalltalk höchste Priorität hat, um mit Mitmenschen Gespräche zu beginnen.

- der erste Tag im neuen Job
- beim Besuch von Messen und Kongressen
- bei geschäftlichen Terminen mit Kunden
- bei Vorstellungsgesprächen

Wenn Sie eine neue Stelle anfangen, kennen Sie meist noch niemanden, mit dem Sie zusammenarbeiten werden. Das Eis brechen lässt sich schnell mit Smalltalk, da Sie damit einen sympathischen Eindruck hinterlassen. Bei Kongressen und einer Messe bieten Ihnen die Pausen die Gelegenheit mit belangloser Plauderei neue Kontakte zu knüpfen und eine Grundlage für neue Geschäftsbeziehungen herzustellen.

Mit leichter Konversation lockern Sie die Atmosphäre bei Verkaufsgesprächen auf und geben dem Kunden ein gutes Gefühl. Im Vorstellungsgespräch für einen neuen Job kommt Smalltalk zum Einsatz, um Sie besser kennenzulernen.

Die erste Minute entscheiden darüber, ob der Personalchef Sympathie oder Antipathie für Sie empfindet. Das Angebot eines zwanglosen Gesprächs sollte daher angenommen werden, da damit das restliche Gespräch leichter fällt.

2.1. Aufzug Smalltalk

Plaudern im Aufzug kann unangenehm sein, muss sich aber nicht als peinlich erweisen, wenn dafür das passende Thema gewählt wird.

Die Enge der Aufzugkabine bereitet vielen Menschen schon ein beklemmendes Gefühl, da keine Möglichkeit besteht, anderen Menschen auszuweichen. Sinnvoll sind absolut belanglose Themen, die niemanden in eine bestimmte Rolle drängen.

Tipp für Smalltalk im Aufzug: Um direkt beim Einsteigen das Eis zu brechen, schauen Sie, wer mit Ihnen fährt und grüßen Sie die Mitfahrer mit einem Nicken und Lächeln.

Damit schaffen Sie die Veränderung der Atmosphäre und legen den Grundstein für eine kleine Plauderei. Bei Gesprächen im Aufzug sind Fragen eine gute Möglichkeit, um ein

Gespräch zu beginnen. So können Sie Fragen, auf welche Etage die andere Person will.

Unter Kollegen kann die Fahrzeit des Aufzugs auch dazu genutzt werden, Information weiterzugeben. Wichtig ist, dass die Informationen positiv ausfallen.

2.2. Plaudern verfolgt keinen bestimmten Zweck

Bei den vielen Kommunikationsstrategien, die heute bei unterschiedlichen Gesprächen zum Einsatz kommen, ist Smalltalk diejenige, mit der interessante Geschichten verbreitet werden.

Diese Art von Konversation ist Storytelling, wie es heute im neudeutsch bezeichnet wird. In Verbindung mit guter Bildung versprüht Storytelling Charisma, Witz, einen besonderen Charme und Scharfsinn, der aber in keiner Verbindung zu einem bestimmten Zweck steht.

Da diese Fakten oftmals in Vergessenheit geraten, haben schüchterne, immer nach Worten suchende Menschen Angst vor solchen zwischenmenschlichen Begegnungen und wirken sehr verkrampft, wenn sie diesen nicht aus dem Wege gehen können. Fragen wie „Schönes Wetter heute?“, „Und sonst so?“ oder

„Sind Sie öfters hier?“ werfen solche Menschen schon komplett aus der Bahn, weil sie damit gar nichts anfangen können.

Wenn es Ihnen genauso geht, wird ihnen die folgende Aussage gar nicht gefallen.

„Hören Sie endlich auf mit den Grübeleien!“

Empathie ist gut und schön, doch bringen sie diese nicht weiter, weil Sie sich damit zum Sklaven Ihrer Gedanken machen. Sie sollten den Moment genießen und die Chance nutzen, durch belanglose Gespräche den Horizont zu erweitern. Sehen Sie doch einfach den positiven Effekt, der Smalltalk Ihnen bereitstellt.

Sie drängen sich nicht in den Vordergrund und hören zu, was andere zu sagen haben. Sich zurücknehmen ist eine geschätzte Tugend bei Gesprächen, weil Sie damit beteiligten Gesprächspartner Redezeit einräumen.

Menschen glauben, dass gute Gespräche nur mit viel Redezeit ihrerseits zustande kommen.

Wenn Sie sich nicht sicher sind, wie Sie am besten eine Plauderei beginnen, nutzen Sie doch einfach die Redezeit des Gegenübers, um Fragen zu stellen und auf die Antworten des Gesprächspartners einzugehen.

Damit erhalten Sie seine Wertschätzung, die Sprücheklopfern und Selbstdarstellern verwehrt bleibt.

2.3. Hemmungen beim Reden überwinden und Gespräche beginnen

Vielfach ist es nicht leicht, ein Gespräch anzufangen, da sich immer wieder das Gefühl breit macht, es könnte etwas Falsches gesagt werden. Es entstehen Hemmungen, die Sie behindern. Es gibt aber einfache Möglichkeiten, diese zu überwinden und lockere Gespräche zu starten.

Tipp 1: Nutzen Sie den direkten Blickkontakt und lächeln sie freundlich! Mit diesen Dingen haben Sie schon die erste Barriere genommen. Denn durch eine offene Haltung senden Sie das Signal aus, dass Sie gerne ein Gespräch mit Ihrem Gegenüber führen würden.

Tipp 2: Haben Sie keine Angst davor, belanglose Themen anzuschneiden! Es gibt kaum ein Thema, was sich nicht für Smalltalk eignet. Beginnen Sie einfach das Gespräch.

Ein guter Start ist beispielsweise der Anlass der Zusammenkunft, das Essen oder die Musik, die gerade im Hintergrund läuft. Hauptsache Sie machen den Anfang.

Tipp 3: Versuchen Sie sich positiv auszudrücken. Damit schaffen Sie eine angenehme Gesprächsumgebung, sodass Ihr Gesprächspartner die Unterhaltung als positiv empfindet. Von ganz alleine wird seine eine gewisse Dynamik im Gespräch einstellen.

Eine grundlegende Voraussetzung für gelungene Konversation, ist das aufrichtige Interesse, das Sie Ihrem Gesprächspartner entgegenbringen.

Ergibt sich beim Gesprächspartner ein Gefühl von Respekt und echter Anteilnahme, fühlt er sich in Ihrer Umgebung wohl und wird sich gerne mit Ihnen weiter unterhalten wollen.

Aus diesen Gefühlen heraus ergibt sich eine Bindung zwischen den Gesprächspartnern. Es wird sich verstanden gefühlt und schnell festgestellt, dass trotz Smalltalk beide auf der gleichen Wellenlänge sind.

2. 4. Aller Anfang ist schwer - nein, ist er nicht!

Wenn Sie Probleme damit haben, ein Gespräch zu beginnen oder in eine laufende Plauderei einzusteigen, gibt es einen Trick, die Sie nutzen können.

„Stellen Sie einfach Fragen?“

Fast jeder Mensch redet gerne über sich selbst. Gleichzeitig zeigen Sie Ihrem Gesprächspartner durch Nachfragen, dass Sie Interesse daran haben, mehr über ihn zu erfahren. Perfekt gelaufen! Denn Sie haben Ihrem Gesprächspartner die Chance gegeben, sich darzustellen und Feingefühl bewiesen.

Nur Menschen mit geringem Feingefühl und ohne Wertschätzung gehen mit der Brechstange an ein Gespräch heran. Ihnen fehlt das Wissen darum, dass der Fokus bei Smalltalk darauf liegt, eine Verbindung zwischen Menschen zu schaffen und gemeinsame Interessen herauszufinden.

Wird dieses aber in den Hintergrund gestellt, bleiben die Gespräche eher oberflächlich und werden niemals zu einer zielführenden Konversation führen.

In der Aufwärmphase sind Fragen genau der richtige Weg. Sie lockeren auf, wenn genau die richtigen Fragen gestellt werden. Damit Sie wissen, welche Fragen Sie verwenden können, gibt es einige Vorschläge:

1. *Welchen Beruf haben Sie?*

Diese Frage gehört zu den Klassikern des Smalltalks und ist eine perfekte Einleitung für das folgende Gespräch.

Denn Sie haben sich gerade damit die Türe geöffnet, um weitere Fragen stellen. Anschlussfragen beinhalten beispielsweise, für welches Unternehmen Ihr Gesprächspartner arbeitet, in welcher Branche das Unternehmen zu Hause ist und welche Position er bekleidet. Leider fehlt es den Fragen an Originalität und kann schnell abgedroschen aussehen.

2. *Woher bekommen Sie Ihre Inspirationen?*

Auch wenn sich diese Frage sehr zeitlos darstellt, bietet sie als Einleitung ein Stück weit mehr Originalität. Mit dieser Frage sorgen Sie dafür, dass sich Ihr Gesprächspartner reflektiert.

Davon haben beide einen positiven Nutzen und gleichzeitig eine Inspiration. Aus diesem Grund lässt sich die Frage nicht nur optimal als Opener verwenden, sondern kann auch Grundlage für eine Konversation in einer bestehenden Gesprächsgruppe sein.

3. *Welche Literatur ist Ihr persönlicher Bestseller?*

Grundlegend dient diese Frage auch als Inspirationsquelle und lässt sich durch die Frage nach Interessen und Hobbys noch weiter ausdehnen. Sie erhalten dadurch eine ganze Menge Informationen über Ihren Gesprächspartner und haben immer wieder neuen Stoff für weitere Gespräche.

4. *Was haben Sie gemacht, bevor Sie diese Stelle angenommen haben?*

Stellen können Sie diese Frage, wenn Sie wissen, wie Ihr Gesprächspartner heißt und welche Position er im jetzigen Moment bekleidet. Die Frage sollte aber nicht so formuliert werden, dass beim anderen das Gefühl aufkommt, dass sein aktueller Job für Sie uninteressant ist. Denn seine Reaktion auf das Desinteresse straft er mit beleidigt sein ab. Mit Fingerspitzengefühl wird Ihr Gesprächspartner Ihnen Dinge über seinen Werdegang erzählen und Ihnen zeigen, welche Erwartungen er an Sie stellt.

5. *Was ist der Grund für Ihre Anwesenheit?*

Bei dieser Frage kommt es immer auf die Betonung an, da sie schnell dazu führen kann, dass Sie die Anwesenheit der Person Infrage stellen und dem Gespräch einem Touch von Verhör verleihen.

Wird die Frage richtig eingesetzt und betont, zeigen Sie Interesse und Neugier daran, wie Ihr Gesprächspartner an die Einladung zum Seminar, Vortrag oder zur Party gekommen ist. Schnell wird sich dabei herauskristallisieren, ob ein Verhältnis zwischen dem Veranstalter und der Person besteht.

Mit seiner Antwort haben Sie bereits eine erste Gemeinsamkeit, da Sie den Veranstalter auch kennen und dadurch am Event teilnehmen.

6. *Hat Ihnen der Vortrag gefallen?*

Wenn Ihr Gegenüber am gleichen Vortrag teilgenommen hat, ist die Frage ein sehr guter Einstieg in Smalltalk. Dabei sollten Sie Ihre Meinung nicht gleich zu Anfang dem Gesprächspartner mitteilen, besonders wenn es Ihnen nicht gefallen hat.

Mit einer abwertenden Äußerung erzeugen Sie gleich eine negative Stimmung, die das Gespräch blockiert. Wählen Sie stattdessen eine inhaltlich intellektuelle Auseinandersetzung, um eine gemeinsame Basis zu schaffen, die den Inhalt des Vortrags widerspiegelt.

Damit schaffen Sie Gemeinsamkeiten, die zu weiteren Gesprächsthemen führen.

7. *Oh, das sieht ja köstlich aus! Wo haben Sie das erstanden?*

Diese Frage ist ideal für Partys, wo es ein Buffet gibt und für diejenigen, die mutig und eher extrovertiert sind. Sie kommt aber immer sehr gut an, da sich ein Hauch von Lob darin versteckt.

„Das sieht toll aus! Sie haben wirklich Geschmack!" Dieses Lob sorgt für sofortige Sympathie. Gleichzeitig können Sie, wenn Sie das Buffet gekostet haben, mit dem Plaudern beginnen.

8. *Darf ich Ihnen etwas von der Bar mitbringen?*

Um mit jemandem ins Gespräch zu kommen, der noch alleine an einem Tisch sitzt, ist diese

Frage genau der richtige Start. Damit zeigen Sie gute Marinieren und Aufmerksamkeit. Gleichzeitig haben Sie die Möglichkeit das Gegenseitigkeitsverhältnis zu Ihren Gunsten zu nutzen.

Wollen Sie mit einer attraktiven Frau ins Gespräch kommen, lohnt es sich die Gentleman-Variante zu nutzen und direkt ein Getränk mitbringen. Wichtig ist dabei aber, dass Sie vorher genau schauen, was die Dame trinkt. Diese Art von Smalltalk ist ähnlich wie Flirten ohne weitere Absichten.

3. Unverfängliche Gespräche mit leichtem gemeinsamen Dialog führen

Menschen sind sehr unterschiedlich veranlagt. Es gibt solche, die überhaupt keine Probleme haben, auf Fremde zuzugehen und mit ihnen zu plaudern.

Andere wiederum sind eher introvertiert und haben große Schwierigkeiten, mit anderen ins Gespräch zu kommen. Entweder gestalten sich solche Unterhaltungen sehr einsilbig oder kommen erst gar nicht zustande, weil sie Angst vor Smalltalk haben.

Mitunter wird Plaudern aber auch als absolut überflüssig und sinnfrei gesehen, obwohl seichte Gespräche sehr amüsant und kinderleicht sind. Wer die Spielregeln beherrscht, hat eine gute Ausgangsbasis für erfolgreiches Networking. Egal ob im geschäftlichen Bereich oder privat – Smalltalk ist eigentlich nichts anderes als eine Aufwärmphase.

Damit ein Sportler die ganze Muskelkraft nutzen kann, ohne sich zu verletzen, macht er vor jeder größeren Herausforderung ein Aufwärmtraining.

Das ist nicht nur ein gutes Argument, sondern auch ein gewichtiger Grund, um einen tollen Auftritt auf dem jeweiligen Parkett zu meistern.

Bei geschäftlichen Gesprächen ist Smalltalk dafür da, dass Sie nicht direkt mit der Türe ins Haus fallen. Gerade mit anderen Kulturen, denen Sie im Business begegnen, hinterlässt das keinen guten Eindruck.

Durch Smalltalk zu Beginn eines Gesprächs, erfolgt der Aufbau einer Beziehungsebene, auf der Sie weitere, intensivere Gespräche aufbauen können.

Um ein Gespräch zu beginnen, sind die bereits erwähnten Fragen ein guter Einstieg.

Wenn Sie der Gastgeber einer Veranstaltung sind, können Sie, nach dem Gruß in die Runde, auf einzelne Personen zugehen. Floskeln wie „Wir sind uns noch nicht vorgestellt worden…“ oder „Sie stehen hier so allein gelassen herum…“ sind ein guter Anfang.

Mit dieser Vorgehensweise haben Sie dem zukünftigen Gesprächspartner eine gute Vorlage gegeben.

Um Smalltalk zu starten, gibt es keine goldene Regel oder einen Eisbrecher, den Sie als ersten schlauen Satz verwenden.

Grundsätzlich kann sich aber auf eine lockere Plauderei vorbereitet werden. Dafür gibt es sogenannte W-Fragen, die Sie im Kopf haben sollten. Diese offene Fragetechnik kann sich folgendermaßen gestalten:

- Was könnte mich an diesem Gesprächspartner interessieren?
- Was wissen Sie bereit über die Person?
- Welche Themen könnten interessant sein?
- Welche Gemeinsamkeiten könnten Sie haben?

Ein erster guter Anhaltspunkt für ein Gespräch, sind Ort, Anlass und Umfeld. Treffen Sie auf einen Gesprächspartner im Theater, kann das Gespräch über die tolle Atmosphäre und die Aufführung gestartet werden.

Seien Sie neugierig und stellen Sie Fragen. Schnell wird sich ein angenehmer Plausch entwickeln. Ein Gespräch eröffnen lässt sich auch mit einem ernst gemeinten Kompliment.

Denn damit haben Sie etwas Sympathisches gesagt, dass den Gesprächspartner auf Sie aufmerksam macht.

Im Gespräch ist aktives Zuhören wichtig. Damit ist nicht nur Nicken, „ja“ oder das beliebte „hm“ gemeint, sondern vielmehr sich an beiläufig Gesagtes zu erinnern.

Diese Fähigkeit ist besonders wichtig, weil bei der Beantwortung einer Frage auch mehrere Informationen kommen können. Sind diese in Ihrem Gedächtnis, lassen sich die Zusatzinformationen im weiteren Gesprächsverlauf abrufen und einsetzen.

Werden die zusätzlichen Informationen genutzt, weiß Ihr Gesprächspartner, dass Sie seine Worte für wichtig erachten und auch beiläufige Informationen interessant finden.

3.1. Welche Gesprächsthemen für Smalltalk verwenden?

Es gibt eine ganze Palette an Themen, über die Sie reden können. Es gibt aber auch solche, wo durch Fragen zuerst herausgefunden werden sollte, ob der Gesprächspartner für dieses Thema geeignet ist.

Genauso gibt es Themen, die bei Smalltalk nichts zu suchen haben, um keine Grundsatzdiskussionen auszulösen. Damit wird lockeres Plaudern schnell zu ernsthaften Streitgesprächen oder Diskussionen.

Auf Behauptungen sollte auch komplett verzichtet werden, weil diese einen negativen Beigeschmack haben und Sie sich damit ganz schnell ins Abseits befördern.

Das Thema Wetter wird auch oftmals heiß diskutiert, kann aber bei Smalltalk eine gute Überleitung zum nächsten Wochenendtrip, dem geplanten Urlaub oder einer bestimmten Sportart sein.

3.2. Gutes Sprechen – wichtig für perfekten Smalltalk

Durch gutes Sprechen lässt sich eine ganz besondere Wirkung erzielen. Sprechen umfasst die Stimme, die Ausdrucksweise, die Sprache sowie Sprachmelodie und natürlich die Betonung, womit Sie Ihre Persönlichkeit akustisch zum Ausdruck bringen.

Sie hat Auswirkung auf das Denken. Für Gefühle, Gedanken, Bedürfnisse, Visionen, Träume und Meinungen dient sie als Transportmittel und kann viele Dinge bewerkstelligen.

Das faszinierende am Sprechen im Allgemeinen, ist das, was sich damit ausdrücken lässt. Gesprochene Worte können loben, tadeln, befehlen, beherrschen, eine andere Person an den Rand des Wahnsinns bringen und genauso Liebeserklärungen formulieren, die jedes Herz erweichen.

Mit der Sprache drücken Sie Ihre Gedanken aus, die Ihre Realität sind. Sie lassen damit den Gesprächspartner in den Spiegel Ihrer Gedanken schauen.

Mit Worten können Sie gewinnen, aber auch in die Abseitsposition rutschen, da ein falsch gewähltes Wort und eine unbedachte Betonung die Türe wieder schließt, die Sie gerade geöffnet haben.

Mit den richtigen Worten lässt sich sogar die Welt verändern. Gutes Sprechen mit den richtigen Worten ist ein wichtiger Aspekt beim Smalltalk, den Sie nicht unterschätzen sollten.

Dabei kommt es nicht auf geschwollene Formulierungen und Fachbegriffe an. Damit Sie auf der Gewinnerseite beim Plaudern oder strategischen Smalltalk stehen, gibt es 10 Regeln, die Sie auf die Pole Position bringen.

3.3. Die 10 Regeln für gutes Sprechen beim Smalltalk

1. Drücken Sie mit gewöhnlichen Worten ungewöhnliche Dinge aus!

Damit ist gemeint, dass Sie nicht mit Fachbegriffen und geschwollenen Formulierungen um sich werfen sollen.

2. Der Hauptsatz ist die Krönung von gutem Sprechen!

Beim Sprechen nutzen wir vielfach Hauptsatz und Nebensatz. Nebensätze können aber für Verwirrung sorgen. Starten Sie einfach den Versuch und formulieren Sie hintereinander 10 Hauptsätze und lassen Sie die Nebensätze weg.

So erhalten Sie 10 Aussagen, die jeder versteht und womit jeder etwas anfangen kann.

3. Komplizierte Nebensätze vermeiden!

Komplizierte Nebensätze sind wie eine ansteckende Krankheit, die sich immer weiter ausbreitet.

Die darin versteckten Elemente führen dazu, das weitere Nebensätze angefügt werden. Kurze Sätze, ohne Nebensätze sorgen für Klarheit und bringen es auf den Punkt.

4. Verwenden Sie öfter zu Beginn eines Satzes einen bestimmten Artikel!

Damit verhelfen Sie der Aussage zu Eindeutigkeit und Klarheit.

5. Bei der Satzbildung nicht mehr als 12 Wörter zwischen Subjekt und Prädikat verwenden!

Zusammenhänge werden dadurch besser erkennbar.

6. Sprechen Sie normal, anstatt formal oder geschwollen!
Vermeiden Sie schicke und angesagte Fremdwörter, doppeldeutige Begriffe und Formulierungen.

7. Klare Ausdrucksweise ist Trumpf!
Damit verstehen Gesprächspartner was Sie sagen. Das sollten Sie sich zum Ziel setzen.

8. Rätsel und zu viel Fragen sind zu vermeiden!
Damit sorgen Sie dafür, dass Ihr Gesprächspartner sich die zweite Hälfte des Satzes dazu denken muss. Solche Gespräche sind anstrengend und wenig zielführend für lockeres Plaudern.

9. Kommen Sie auf den Punkt, so oft und so schnell es möglich ist!
Wer sich klar ausdrückt und auf den Punkt kommt, ist schneller am Ziel.

10. Legen Sie Würze in Ihre Worte und sprechen Sie nicht trocken!

Damit fördern Sie den Mut sich auszudrücken, was Sie menschlich bzw. persönlich macht.

3.4. Tipps für gutes Sprechen

Smalltalk muss nicht immer lang sein, sondern kann sich auch kurz gestalten. Denn im Raum gibt es sicher auch noch andere Gesprächspartner und so müssen Sie sich nicht verpflichtet fühlen, wenn Sie das momentane Gespräch beenden. Sagen Sie, wie es ist und nutzen Sie dafür beispielsweise folgende Redewendungen:

- „Entschuldigen Sie mich. Da ist eine Person, die ich gerne begrüßen möchten."
- „Unser Gespräch war interessant und würde ich gerne weiterführen. Entschuldigen Sie, aber die Pflicht ruft."

Der Gang zur Bar oder zum Buffet sind auch mögliche Varianten, wo Sie Menschen treffen oder aus dem Auge verlieren. Ein Gespräch beenden mit dem Satz, dass Sie kurz auf Toilette die Hände waschen müssen, ist nicht sehr elegant und führt oftmals am Ziel vorbei.

Ein Gespräch richtig beenden

Fortgeschrittene Smalltalker verwenden eine galante Gesprächsübergabe, indem sie eine weitere Person vorstellen und in das Gespräch mit einbeziehen, um anschließend den Smalltalk zu beenden. Das gelingt perfekt, wenn das Gespräch an einem Thema angelangt ist, wo auch ein weiterer Gesprächspartner die Gesprächsführung übernehmen kann, weil die gleichen Interessen vorliegen. Damit Ihnen der Ausstieg aus dem Gespräch gelingt,

- sagen Sie Ihre Meinung über das Gespräch. „Das war ein interessantes Gespräch, das ich gerne stundenlang fortführen würde…“
- sagen Sie danke für die Unterhaltung und die dafür verwendete Zeit (formulieren Sie bei Bedarf eine Begründung, warum Sie aufbrechen)

- können Sie ein neues Treffen andenken und Kontaktdaten austauschen, wenn Sie das möchten
- und verabschieden Sie sich, eventuell sogar mit einem Händedruck

Partner für Smalltalk finden

Bei einer Veranstaltung einen Gesprächspartner für Smalltalk zu finden, gestaltet sich nicht schwer. Es gibt garantiert jemanden, der alleine steht. Diese Person ist ideal, um Beziehungen zu knüpfen.

Diejenigen, die zu Ihnen beim Betreten des Raums längeren Blickkontakt halten, sind potenzielle Gesprächspartner. Genauso sind locker zusammenstehende Gruppen interessant. Dort gibt es Lücken, wo Sie bedenkenlos hineinschlüpfen können. Geschlossene Gruppen, die Ihnen den Rücken zudrehen, möchten keine Störung bei Ihren Gesprächen.

Gibt es keine Gruppe, wo Platz für Sie ist, sollten Sie sich zwischen Bar und Eingang platzieren. Jede Person im Raum wird früher oder später den Weg zum Eingang oder zur

Bar nutzen. Eventuell bleibt ja sogar jemand stehen, um sich mit Ihnen zu unterhalten. Auch bei Plaudern ist es bedeutsam, Bekanntschaften zu pflegen. Springen Sie über Ihren Schatten. Smalltalk ist lernbar, wenn Sie Situationen nutzen, um zu üben.

Storytelling bei Smalltalk nutzen

Im fortgeschrittenen Stadium des Smalltalks ist Storytelling eine schöne, amüsante Variante, um den Gesprächen das gewisse Etwas zu geben. Grundsätzlich bedeutet Storytelling nichts anderes, als kleine Geschichten zu erzählen, die Gefühle und Informationen weitergeben. Wer gute Geschichten erzählen kann, begeistert, fesselt und reißt die Gesprächspartner mit.

Bei den kleinen Geschichten, die Sie beim Plaudern nutzen, gibt es immer eine Ausgangssituation, Komplikation und Auslöser bzw. Anfang, Mitte und Ende.

Für eine gute Story wird immer ein Held benötigt, mit dem sich der Gesprächspartner identifizieren kann. Wichtig ist zudem das Ziel, da es umschreibt, was Sie mit der kleinen Geschichte erreichen möchten. Darüber hinaus brauchen keine Geschichten den Konflikt, der den Helden daran hindert, sein Ziel zu erreichen. Kleine Storys und Erlebnisse, amüsant erzählt, sind immer spannend, da sie nicht auf Business-Logik oder harten Fakten beruhen, sondern dazu dienen, ein bestimmtes Bild zu erzeugen.

Wer Storytelling beherrscht, wirkt direkt sympathisch und hat die volle Aufmerksamkeit der Gesprächspartner.

Storytelling ist eine gute Möglichkeit, sich selbst darzustellen und seine eigenen Ideen überzeugend herüberzubringen.

Bildhaftes Erzählen ist eine tolle Unterstützung, wenn es Ihnen gelingt, dabei überzeugend zu wirken. Es darf nicht aussehen wie ein Verkaufsgespräch, da dieses beim Plaudern eher einen negativen Eindruck hinterlässt.

Die kleinen Geschichten sind Konstruktionen, mit denen Sie Beziehungen, Freundschaften und das Kennenlernen anderer Menschen beeinflussen. Die Geschichten erfreuen, bringen andere zum Lachen und inspirieren, sodass Gesprächspartner ein Teil der Story werden.

Die Konstruktion bietet genügend Luft und stellt Entfaltungsmöglichkeiten bereit, nicht nur für denjenigen, der die Geschichte erzählt, sondern auch für die Gesprächspartner, ganz gleich, ob im Job oder privat.

Wenn Sie humorvoll sind, gelingt es Ihnen leichter, mit anderen Menschen erfolgreich ins Gespräch zu kommen, da Gesprächspartner sofort Sympathie entwickeln und Spaß daran haben, sich mit Ihnen zu unterhalten.

Beim Erzählen von kleinen Geschichten beim Smalltalk sollten Sie authentisch sein und über sich selbst reden. Vermeiden Sie aber Missgeschicke, weil dieser Humor erniedrigend ist, Sie klein macht und Ihrem Ansehen schadet. Für Storytelling beim Smalltalk lassen sich sehr gut Geschichten nutzen, die Sie erlebt oder worüber Sie gehört haben.

Eine gute Einführung für Storytelling ist beispielsweise: „Bei dem Thema, fällt mir gerade eine Situation ein, als ich…“.

Halten Sie sich beim Erzählen kurz, um die Gesprächspartner nicht zu langweilen und beziehen Sie sie ruhig in die Story mit ein, damit sie mitreden können und sich davon anstecken lassen, auch kleine Geschichten zu erzählen.

Die kleinen, feinen Varianten beim Storytelling sind eine schöne Möglichkeit, Menschen in Plaudereien einzubeziehen, die sich nicht trauen, aus Ihrem Schneckenhaus herauszukommen, um sich zu beteiligen.

4. Networking – richtige Kontakte knüpfen für Karriere und privat

Wohl demjenigen, der die richtigen Kontakte hat. Solche Beziehungen werden auch als Vitamin B bezeichnet.

Sie öffnen Ihnen Türen und Tore und würden ohne die richtigen Kontakte, niemals für Sie offen stehen.

Netzwerken ist nicht nur wichtig für den Karrierestart von Berufseinsteigern, sondern auch fundamental, um weiter die Karriereleiter hinaufzuklettern und das Leben zu erleichtern. Im Privaten ist ein gutes Netzwerk genauso wichtig, bezieht sich aber auf andere Bereiche.

Wie funktioniert Networking und was hat Smalltalk damit zu tun? Der Überbegriff Networking bezeichnet den Aufbau und die

Pflege von Kontakten im beruflichen und persönlichen Umfeld. Sie umfassten die alltäglichen Kontakte zur Familie, Nachbarn, Freunden, Bekannten und Kollegen sowie Kontakte zu Personen, die sich speziell gestalten. Dabei geht es um gleiche Interessen wie Mode, Technik, Sport, Arbeit und vieles mehr.

Mitunter werden aus privaten Kontakten auch solche, die Sie beruflich weiterbringen. Networking umfasst dementsprechend unterschiedliche Bereiche. Sie sind abhängig davon, wofür Sie das Networking einsetzen.

	Privates Networking	**Berufliches Networking**
Mit welchen Personen?	Familie, Freunde, Bekannte	Pflege von Kontakten zu Arbeitskollegen und

		fremden Unternehmen
Wo?	Freizeit	Events, Veranstaltungen, Messen, Kongresse
Wofür?	Hobbys, gemeinsame Aktivitäten	Beruf, Karriere
Zielsetzung	Neuigkeiten erfahren, gemeinsame Interessen und Hobbys verfolgen	Ausbau der Karriere, Möglichkeiten für neuen Job, Geschäftsbeziehun gen

Networking wird dabei in allgemein und zielorientiert unterteilt. Der Aufbau von beruflichen Kontakten zählt zum „zielorientierten Netzwerken“, da diese Kontakte den Zweck haben, beruflich weiterzukommen und voneinander zu profitieren.

4.1. Aufbau von Netzwerken

Die Struktur eines Netzwerks gestaltet sich in direkten Kontakten wie Freunde, Familie, Kollegen, Nachbarschaft und weiteren Kontakten.

Jeder, der dazugehört, kann eine Verbindung zu weiteren Kontakten herstellen. So ergeben sich Kontakte zweiten und dritten Grades, die private und berufliche Nutzen bringen.

Innerhalb dieser Verstrickungen gibt es Personen, die sehr viele Kontakte haben, wovon Sie profitieren.

Da diese Personen als Multiplikator wirken, wächst Ihr eigenes Netzwerk in recht kurzer Zeit.

Wichtig ist dabei, dass Sie Kontakt zu den Personen aufnehmen. Da auch Fremde dabei sind, ist Smalltalk eine interessante Möglichkeit für die anfängliche Kontaktaufnahme und den

Aufbau. Doch alle Anstrengungen sind nur von Erfolg gekrönt, wenn auch Kontaktpflege betrieben wird.

Networking ist ein ständiges Geben und Nehmen, sodass der Austausch an erster Stelle steht.

Das Internet bietet einzigartige Chancen, sich weltweit über Plattformen wie Facebook, LinkedIn und Xing zu vernetzen. Das eigene Netzwerk wächst schnell, sodass Sie sogar den Überblick verlieren können.

Ob auf Online-Plattformen oder durch persönliche Kontaktaufnahme, die im ersten Schritt über Smalltalk erfolgt, ist die Qualität der Kontakte wichtig, die Sie knüpfen, pflegen und intensivieren.

Neben den großen bekannten Netzwerken gibt es mittlerweile auch lokale Netzwerke im Internet, wo Sie Menschen aus der gleichen Stadt treffen, mit denen Sie sich vernetzen können. Als Gemeinsamkeiten werden dabei Personen angesehen, die in den verschiedenen Freundes- und Bekanntenkreisen sind. Über gemeinsame Interessen sind schnell mit Smalltalk Kontakte auf lokalen Plattform aufgebaut.

Business Networking geht nicht nur online, sondern auch auf Job- und Karrieremessen. Diese Veranstaltungen sind nicht nur grundlegend für Absolventen von Hochschulen und Universitäten interessant.

Sie dienen auch zum persönlichen Austausch von Informationen zwischen den jeweiligen Unternehmen.

Business ist nichts anderes, als eine Verstrickung von menschlichen Beziehungen, die Sie sich wie ein Knäuel vorstellen können. Kommt dabei unter Firmen gezieltes Networking zustande, bieten die Kontakte der einzelnen Personen mitunter sogar Vorteile für den gesamten Unternehmensbereich.

Ein Face-to-Face Network aufbauen gelingt, indem Sie Veranstaltungen und Events besuchen, wo sich die richtigen Kontakte treffen.

So gibt es einmal den Lions Club, Round Table und die Rotarier, wo sich Führungskräfte versammeln, Kontakte pflegen und ausbauen.

Die Treffen der Vereinigungen und Clubs sind nicht nur für den Austausch gemeinsamer Aktivitäten gedacht, sondern bieten auch eine besondere Art von Weiterbildung.

Gute Networking-Chancen stellen Veranstaltungen und Sport bereit. Als Mitglied in einem Golf Club treffen Sie auf Personen, die in der Freizeit die gleichen Interessen verfolgen. Damit ist schon eine gute Basis für den ersten Smalltalk gefunden. Auch gesellschaftliche Veranstaltungen wie

Festlichkeiten jeglicher Art sind eine gute Möglichkeit, alte Kontakte wieder aufleben zu lassen und neue zu knüpfen.

Dafür braucht es nicht viel, da eine angenehme Plauderei alten Kontakten neues Leben einhaucht und für neue Kontakte mit lockeren Gesprächen der Grundstein gelegt wird.

Für den Ausbau und die Pflege von sozialen und zielorientierten Kontakten ist Smalltalk als Anfang gleichermaßen wichtig.

5. Smalltalk üben und Meister in seichten Gesprächen werden

Plaudern und seichte Gespräche führen ist genauso erlernbar wie Mathematik, eine Fremdsprache oder Buchhaltung und gelingt mit üben.

Da sich beim Smalltalk über alltägliche Dinge unterhalten wird, bietet sich Ihnen ein breites Übungsfeld.

- an der Kasse im Supermarkt oder beim Anstehen in einer Schlange
- am Schalter in der Bank mit der Bankangestellten oder Bankkunden, die genauso warten wie Sie
- an der Tankstelle
- in der Apotheke
- in der Bahn oder im Bus
- beim Einkauf von Zeitungen am Kiosk

- beim Warten auf den Zug am Bahnsteig
- im Café
- bei Feierlichkeiten oder Partys

1. Smalltalk lernen

Zuerst müssen Sie sich über Ihre Einstellung bewusst werden, um Smalltalk zu lernen. Haben Sie die Einstellung, dass Sie sich nicht für andere interessieren oder kurz Interesse gezeigt haben und die anderen sich gefälligst für Sie interessieren müssen, sind Sie genau in die falsche Richtung unterwegs.

Denn mit einer solchen Grundeinstellung wird sich kein Mensch für ein Gespräch finden. Wer sich nur für sich selbst interessiert, ist selten zufrieden und auch nicht glücklich.

Immer wieder kommt der Einwand, dass kein Interesse für Menschen aufgebracht wird, wenn diese nicht sympathisch sind. Genau hier sollten Sie ansetzen und einmal überlege, ob diese Person wirklich unsympathisch ist.

Haben Sie einmal genauer hingeschaut und versucht, etwas Sympathisches zu entdecken?

Diese Einstellung können Sie natürlich beibehalten und nur zu den Personen Kontakte aufbauen und pflegen, die Ihre Sympathie haben. Es werden Effekte auftauchen, die Sie mit Ihrer Einstellung in Kauf nehmen müssen.

- Menschen fühlen sich in Ihrem Umfeld nicht wohl und finden es anstrengend mit Ihnen
- der Kontakt zu Ihnen wird vermieden
- Sie werden nur ungern eingeladen
- Sie erhalten nicht die Achtung anderer, die Sie gerne hätten
- Sie verhalten sich verletzend anderen gegenüber, was nicht Ihr eigentliches Idealbild darstellt

Grundsätzlich ist es doch umgekehrt. Jeder Mensch möchte doch, dass gut über ihn geredet wird und andere gerne mit ihm zusammen Zeit verbringen. Das sind

Eigenschaften, die einen guten Menschen ausmachen.

Bei einer genauen Betrachtung Ihrer Eigenschaften werden Sie erkennen, dass Sie ein Stück Unzufriedenheit in sich tragen.

Diese beeinflusst auch die Fähigkeit, Smalltalk zu führen. Wer etwas ändern möchte, muss auch bereit sein und dafür etwas tun. Gehen Sie Ihrer Einstellung auf den Grund und hinterfragen Sie, warum Sie kein Interesse an anderen Menschen haben.

Liegt es vielleicht daran, dass Sie sich nur für sich selbst interessieren, weil Sie vielleicht schüchtern sind, zu oft enttäuscht wurden oder ist es einfach nur ein Zurückziehen, weil Sie nicht in der Lage sind, die positiven Seiten von spannenden Netzwerken und die dadurch entstandenen Kontakten zu sehen?

Gute Smalltalker sind anders, weil sie sich auch für andere interessieren und nicht nur für sich selbst. Um über den eigenen Schatten zu springen und Smalltalk zu lernen, ist eine Umprogrammierung wichtig.

Techniken: Damit das Umprogrammieren gelingt, sollten Sie Ihre Werte und Grundeinstellungen überdenken.

Nutzen Sie dafür eine Liste, in der Sie eintragen, was Sie an anderen Menschen interessiert und wofür Sie die Kontakte nutzen möchten.

Es erfolgt eine Auseinandersetzung mit den Vor- und Nachteilen, wo garantiert die Vorteile überwiegen werden. Halten Sie sich immer die Vorteile vor Augen. Damit erhalten Sie eine neue veränderte Grundeinstellung.

Üben: Schauen Sie in Ihrem Umfeld und picken Sie sich eine beliebige Person heraus. Gelegenheiten gibt es täglich genug. Auch wenn Smalltalk zu Anfang etwas holprig ist, wird es bei der nächsten Gelegenheit garantiert besser funktionieren. Sie sind nicht mehr verkrampft und deutlich lockerer, wenn Sie mit Fremden zwanglos plaudern. Smalltalk ist ein netter Zeitvertreib und sorgt dafür, dass Sie nie mehr sprachlos sind.

2. Smalltalk Methoden

Wenn Sie auf Menschen stoßen, die sich für nichts und niemanden interessieren, gestaltet sich Smalltalk schwierig. Dafür gibt es ein Notfall-Programm.

Um ins Gespräch mit solchen Menschen zu kommen, sind Fragen sehr hilfreich. Sie sind derjenige, der das Wort ergreift und versucht, zu der anderen Person vorzudringen und Interesse zu wecken.

Da solche Menschen Hemmungen haben und dadurch wortkarg sind, sollten Sie sie nicht verurteilen gelingt Ihnen ein Smalltalk, sind Sie schon fast ein Smalltalk-Meister. Sie haben das ideale Trainingsobjekt gefunden, dem Sie viele Fragen stellen können.

Übung: Mit dem Wissen darum, dass diese Menschen sich selbst durch Ihre Hemmungen im Wege stehen und sich scheinbar für nichts interessieren, können Sie zeigen, dass Sie Klasse haben.

Dementsprechend gestalten Sie Ihre Fragen, um damit mit dieser Person ins Gespräch zu kommen. Halten Sie das Gespräch mit permanenten Fragen am Laufen und vermeiden Sie peinliche Schweigezeiten.

Bauen Sie die Fragen aufeinander auf. Ist der Einstieg für ein Gespräch geschafft, ergeben sich automatisch weitere Fragen.

Gerade beim Smalltalk lässt sich das Grundbedürfnis nach Gleichklang und Harmonie stillen. Im Gespräch sind Gemeinsamkeiten schnell herausgefunden.

Unterschiedliche Meinungen zu einem bestimmten Thema werden nicht nur an den gewählten Worten, sondern auch an Mimik und Gestik deutlich. Daher ist aktives Zuhören und Beobachten wichtig.

Übung: Versuchen Sie sich auf Ihren Gesprächspartner einzulassen, aktiv zuzuhören und Ablenkungen auszublenden. Damit bekommen Sie ein Gefühl für den Gesprächspartner und erfahren sehr viel, auch wenn es im Gespräch nur um Belanglosigkeiten geht.

Seien Sie sich immer bewusst, dass jeder Mensch das Bedürfnis hat, sich mitzuteilen. Spüren Sie Unstimmigkeiten, weichen Sie auf eine höhere Ebene aus oder verlagern Sie das Gespräch in einen anderen Bereich, wo Sie das Gefühl haben, dass Gemeinsamkeiten vorhanden sind.

Technik: Missklang und Unstimmigkeit sind vermeidbar, wenn Sie eine galante Überleitung zu einem anderen Thema finden und den Smalltalk auf eine andere Ebene lenken. Durch den Themenwechsel schaffen Sie Ausgewogenheit. Ist eine gleiche Meinung vorhanden, stellt sich schnell das Gefühl von

Verbrüderung ein. Wichtig ist bei dieser Technik, dass Sie Ihre Meinung nicht verteidigen und um Ihre Ansicht darüber kämpfen.

Ein schönes Beispiel: Sie unterhalten sich mit einer relativ fremden Person und sagen dieser, dass Sie alte Autos toll finden. Als Antwort bekommen Sie folgenden Satz zu hören:

„Damit kann ich rein gar nichts anfangen, da dieser alte Schrott nicht mehr auf die Straße gehört.“ Im ersten Moment mag das eine Grundlage für eine Diskussion sein.

Beginnen Sie nicht zu diskutieren und behalten Sie dieses Thema bei. Schaffen Sie wieder Ausgewogenheit, indem Sie vielleicht fragen, welches Auto die Person fährt.

Harmonie lässt sich auch mit einer Aussage wieder herstellen. So können Sie beispielsweise sagen: „Neue Autos bieten viel

Komfort und man hat die Gewissheit, dass alles ordentlich läuft und funktioniert."

3. Fähigkeiten schulen

Es gibt bestimmte Fähigkeiten, die für einen positiven Smalltalk wichtig sind. Kennen Sie vielleicht auch das Gefühl, dass Ihr Gesprächspartner nur darauf wartet, dass Sie ein Ende finden?

Er schaut Sie zwar an, ist aber gedanklich mit anderen Dingen beschäftigt. Auf eine Frage gibt es von ihm eine Antwort, die zu dem eigentlichen Thema nur wenig oder gar keinen Bezug hat. Genau in einer solchen Situation werden Sympathien verspielt.

Denn Bewunderung für die scheinbar clevere Antwort des Gesprächspartners gibt es nicht.

Eine solche Situation ist genau das Gegenteil von erfolgreichem Smalltalk. Wenn der Kopf mit anderen Dingen und Sorgen voll ist, fällt das Zuhören sehr schwer und verhindert, richtige Erwiderungen zu finden. Es gibt aber Techniken, die beim Networking helfen, neue

Leute kennenzulernen und beim Smalltalk immer die richtige Antwort parat zu haben.

4. Authentische Interesse als Technik für Smalltalk einsetzen

Wer authentisches Interesse zeigt, ist in der Lage, beim Smalltalk passende Antworten griffbereit zu haben, neue Leute kennenzulernen und gleichzeitig alte Freundschaften wiederzubeleben. Neugier ist eine der wichtigsten Fähigkeiten, um erfolgreich beim Plaudern einen positiven Eindruck zu hinterlassen.

Authentisches Interesse besteht nicht daraus, dass bestimmte Techniken genutzt und gelernte einfache Fragen abgerufen werden. Es gibt konkrete Fragen, die sich als Technik verwenden lassen, um ein lockeres Gespräch zu führen.

Neugier und Interesse für andere Personen ist aktiv aufbaubar.

Haben Sie sich auch schon einmal die Zeit genommen und sich eine Lebensgeschichte für andere Menschen ausgedacht? Sich überlegt, was dieser Person im Leben bereits passiert ist, wenn Sie diese Menschen anschauen? Bei solchen Gedanken entstehen die wildesten Bilder, die von der Realität weit entfernt sind.

Durch solche Fantasien entwickeln Sie Respekt für diese Person und nehmen sie anders und sogar neu wahr.

Die damit einhergehende Neugier zeigt interessante Geschichten, einen tollen Erfahrungsschatz und Weisheiten, die bisher verborgen geblieben sind. Sie wecken Ihr Interesse an diesem einen sowie an anderen Menschen, wodurch positiver Smalltalk langfristig entstehen kann.

Übung: Gehen Sie durch die Straßen und schauen Sie sich die Menschen genauer an. Was könnten sie erlebt haben? Welches Problem könnte sie momentan belasten?

Welche Hürden haben sie genommen, um dort zu sein, wo sie jetzt sind?

5. Gute Fragen stellen als Technik nutzen und nichts persönlich nehmen

Immer wieder kommt es vor, dass Menschen ausschweifende Geschichten über sich selbst preisgeben. Im Gespräch mit einem solchen Menschen zeigt sich kein Interesse durch Gegenfragen.

Das dabei entstehende Gefühl wird schnell auf die eigene Person projiziert. In vielen Fällen liegt der Grund dafür aber nicht bei Ihnen.

Es gibt überraschenderweise ganz viele Menschen, die nicht wissen, dass interessante, gute Fragen beim Smalltalk wichtig sind.

Es gibt unterschiedliche Fragestellungen, die Sie beim Smalltalk einsetzen können. Dabei wird in drei Arten von Einstiegsfragen unterschieden. Sie dienen dazu, das Eis zu brechen. Am Anfang dürfen Sie Smalltalk mit Standardfragen beginnen, um sich vom Allgemeinen zum Besonderen zu bewegen.

1. Art von Smalltalk - Fragen

Für die erste Kontaktaufnahme zu einer Person:

- Woher kennen Sie denn den Gastgeber?
- Wie sind Sie zu der Veranstaltung gekommen?
- Gefällt es Ihnen hier?

Einer Gruppe:

- Ich wollte Sie nicht unterbrechen, worüber reden Sie gerade?
- Wo haben Sie sich kennengelernt?

Für Smalltalk im Beruf:

- Was war Ihre Intention, genau das zu machen?
- Was überrascht Sie am meisten an Ihrem jetzigen Job?
- Welcher Tipp war der beste für Ihre Karriere?

- Was fällt Ihnen als Erstes ein, wenn Sie das Wort Erfolg hören?
- Welchen Job würden Sie machen, wenn Sie nicht den jetzigen hätten?

Interessante und ungewöhnliche Fragen für Smalltalk:

- Haben Sie geheime Talente?
- Wer ist Ihr Mentor, Ihr Vorbild?
- Was ist das unglaublichste, was Sie erlebt haben?

2. Art von Smalltalk – Meinungen

Um sich in ein Gespräch einzubringen, sind Meinungen eine gute Option. Sie machen einen großen Teil von normaler Konversation aus und sind daher auch perfekt bei Smalltalk verwendbar. Die damit verbundenen Fragen animieren den Gesprächspartner dazu, seine Meinung zu äußern.

- Denken Sie, dass es lohnenswert ist…?
- Wie gestaltet sich Ihre Meinung zu…?
- Was halten Sie von…?

Da Menschen es lieben, nach Rat gefragt zu werden, können Sie sich diese goldene Regel merken:

„Sorge dafür, dass andere sich besser fühlen und sie werden Sie mögen."

Oftmals wird sich nur für die Meinung anderer interessiert, wenn die Person glaubwürdig erscheint. Für denjenigen, der nach Rat gefragt wird, ist das sehr schmeichelhaft, weil dadurch das Selbstvertrauen gestärkt wird. Verwenden lassen sich dafür Fragen, zu Themen, die dem Gesprächspartner wichtig sind und ihn zum Nachdenken bringen.

Welche Fragen für einen Smalltalk interessant sind, ist abhängig von der Betrachtungsweise. Wenn Sie den Gesprächspartner dabei gut dastehen lassen, haben Sie genau die richtige, beste Frage gestellt. Fragen Sie eine Person in einer Gruppe nach der Meinung, wird Ihnen die Frage gerne beantwortet.

„Ich habe gehört, dass Sie sich im Finanzwesen sehr gut auskennen und schon über 20 Jahre in dem Bereich arbeiten. Ihre Meinung ist mir sehr wichtig. Darf ich Sie dazu etwas fragen?“

Dem Gesprächspartner zeigen Sie damit, dass Sie authentisches Interesse haben und seine Fachkompetenz schätzen.

3. Art von Smalltalk – Fragen, worauf sich Geschichten erzählen lassen

Es gibt bestimmte Techniken, die sich beim Smalltalk einsetzen lassen, damit der Gesprächspartner Geschichten erzählt. Damit umgehen Sie kurze, abstrakte Antworten und erfahren deutlich mehr über Ihren Gegenüber. Wenn Sie beim Smalltalk im Hauptteil angelangt sind und durch Fragen Interesse und Wertschätzung gezeigt haben, dürfen Sie nach der Geschichte Ihres Gesprächspartners fragen.

- Wie hat sich das alles entwickelt?
- Wann ist Ihnen klar geworden, dass…?
- Welche Situation hat die Veränderung ausgelöst?
- Wie sind Sie dazu gekommen?

5.1. Smalltalk – 14 goldene Regeln

1. Smalltalk gibt es ausschließlich mit fremden Personen

2. Halten Sie sich den ersten Eindruck vor Augen und stellen Sie sich sympathisch dar

3. Nehmen Sie sich zurück und geben Sie dem Gesprächspartner Gelegenheit sich zu äußern

4. Formulieren Sie offene Fragen und schauen Sie nach Gemeinsamkeiten

5. Nutzen Sie Umfeld, Ort und Anlass als Themen für Gemeinsamkeiten

6. Tabuthemen wie Geld, Religion, Krankheit, polarisierende Themen sind zu vermeiden

7. Führen Sie keine Monologe

8. aufmerksames, aktives Zuhören

9. Blickkontakt zum Gesprächspartner halten

10. Vorbereitung auf Smalltalk im Business ist die halbe Miete

11. Möglichst viele Gesprächspartner suchen

12. Das Gespräch positiv beenden

13. Smalltalk für Networking nutzen

14. Achten Sie auf Ihre Körperhaltung

6. Fehler, die bei Smalltalk peinlich sind

Da Sie jetzt wissen, wie Smalltalk funktioniert, fällt es Ihnen nicht mehr schwer, Gesprächspartner für einen Plausch zu finden und Ihr Netzwerk um interessante Menschen auszubauen.

Es gibt aber auch Formulierungen, die Sie aufs Glatteis führen und unbedingt vermieden werden sollten.

Anhand von folgenden Beispielen sehen Sie, welche Formulierungen und Sätze Sie auf jeden Fall vermeiden sollten:

- *Haben Sie den Anzug des Redners gesehen? Der hat ja überhaupt nicht gepasst!* Vorsicht mit solchen Äußerungen! Ihr Gesprächspartner könnte die Frau, ein guter Freund oder der Bruder des Redners sein. Eine solche Lästerei ist blamabel und führt dazu, dass Sie unsympathisch wirken. Ihr Gesprächspartner wird sich garantiert die Frage stellen, ob sie bei nächster Gelegenheit genauso über ihn reden. Damit haben Sie die Chance auf eine angenehme Gesprächsatmosphäre schon verspielt.

- *Haben Sie auch schon gehört, dass die Chefsekretärin gekündigt hat?* Mit einer solchen Äußerung haben Sie schnell die Neugier Ihrer Kollegen auf sich gezogen. Es bildet sich eine Traube um Sie, weil alle die Neuigkeit von Ihnen hören wollen. Wenn es sich dabei nur um ein Gerücht handelt, seien Sie vorsichtig. Kollegen könnten Ihre Äußerung hinterfragen und feststellen, dass die Aussage gar nicht stimmt. Damit schädigen Sie selbst nicht nur dauerhaft Ihren Ruf, sondern haben erreicht, dass Ihnen künftig nichts mehr geglaubt wird.

- *Mich stört es und ich finde es nicht okay, dass die katholische Kirche Johannes Paul II. heiliggesprochen hat!* Eine solche Äußerung gegenüber einem gläubigen Gesprächspartner bringt Sie schnell in Misskredit, weil Sie seinen Glauben Infrage stellen und ihn damit kränken. Religiösen Menschen ist der Glaube wichtig und spielt eine elementare Rolle in Ihrem Leben. Vermeiden Sie solche Äußerungen, denn sie wirken wie Dynamit.

- *Es ist toll, dass ich noch Geld beiseite liegen habe. So brauche ich mir keine Sorgen um meine Altersversorgung zu machen!* Ein zwangloser Smalltalk gerät schnell ins Wanken, wenn das Thema Geld zur Sprache kommt. Für viele Menschen ist das Thema Finanzen mit Emotionen wie Sorgen und Ängsten behaftet. Auch wenn die Gesprächspartnerin ein teures schickes Kleid trägt, können Schulden sie belasten. Schnell kommt der Eindruck auf, dass Sie nur ein arroganter Schnösel sind. Ist der Gesprächspartner nicht von Schulden belastet, sondern besitzt ein nettes Vermögen, wird ihm eine solche Äußerung auch unangenehm aufstoßen und peinlich sein. Beide Situationen sorgen dafür, dass Sie sich selbst ins Aus katapultieren.

- *Ich habe mich von meinem Partner getrennt und die Scheidung läuft gerade!* Mit einer solchen Offenbarung bringen Sie Ihren Gesprächspartner in eine peinliche Situation, weil er gar nicht weiß, wie er darauf antworten soll.

Schnell tritt Schweigen ein, da sich der Gegenüber nicht mehr wohlfühlt. Zwangloser Smalltalk ist sofort vorbei, gerade wenn Ihre Frustration im Gespräch spürbar ist.

- *Bevor ich den Job hier angenommen habe, bin ich 4 Jahre in Asien gewesen und habe dort gearbeitet. Dieser Auslandsjob war eine beeindruckende, lehrreiche Erfahrung, weil…blablabla!* Vermeiden Sie minutenlange, kompakte Monologe. Ihr Gesprächspartner hört Ihnen irgendwann nicht mehr zu, da sich der zuvor geführte Dialog in eine einseitige Selbstdarstellung verwandelt hat. Ihr Gegenüber empfindet das als negativ, weil er sich durch Ihren selbstdarstellerischen Monolog als Opfer fühlt. Wenn beide Gesprächspartner eine ähnliche

Redezeit haben, ergibt sich eine angenehme Atmosphäre beim Smalltalk.

- *Der gezielte Einsatz von Alliterationen des letzten Redners hat mir gut gefallen. Allerdings hätte er auf die häufige Verwendung von Pleonasmen verzichten sollen.* Wer ein Gespräch beginnen möchte, das sich gehaltvoll darstellt, sollte seinen Gesprächspartner nicht mit unzähligen Fremdwörtern bombardieren. Sie könnten ihn damit überfordern und bloßstellen. Vielleicht kennt er die Begriffe Alliteration und Pleonasmen gar nicht und weiß nicht, was er antworten soll. Niemand mag eine solche Situation gerne. Schnell ergibt sich beim Gesprächspartner das Gefühl, dass Sie nur angeben wollen. Seien Sie natürlich, sprechen Sie für jeden verständlich und versuchen Sie nicht, krampfhaft klug zu erscheinen.

- *Ihr Gesprächspartner erzählt Ihnen: „Rom ist eine einzigartige, beeindruckende Stadt" und Sie antworten nur: „okay".* Im Smalltalk sind einsilbige Antworten tabu, da damit Desinteresse zum Ausdruck gebracht wird. Seien Sie galant und stellen Sie eine Frage, um nachzuhaken. So geben Sie dem Gesprächspartner die Möglichkeit, über seinen großartigen Städtetrip zu berichten, was ihn sehr freuen wird. Schaffen Sie Freiräume für die andere Person und lassen Sie ihn sein Thema reden. Begeisterung setzt Emotionen frei, lässt Sie Gemeinsamkeiten entdecken und kann zu einem angenehmen Gespräch führen.

6.1. Weitere Seiten für guten Smalltalk

Neben dem Thema und richtigen Einstieg gibt es noch andere Gesichtspunkte, die für ein angenehmes Gespräch wichtig sind.

Dabei geht es nicht um die gesagten Worte, sondern um Ihr Verhalten während des Gesprächs. Ihr Gesprächspartner nimmt während einer Unterhaltung auch Ihre Einstellung zu Smalltalk und Ihre Körperhaltung wahr.

Diejenigen, die Smalltalk als überflüssig einstufen, eine abwertende Haltung empfinden und kein Interesse an lockerem Plaudern haben, bringen das auch zum Ausdruck. Ihrem Gesprächspartner bleibt das nicht lange verborgen. Die Körperhaltung zeigt deutlich, dass Sie uninteressiert wirken. Desinteresse und keine Anteilnahme sind keine Dinge, die zum Fortführen eines Gesprächs beitragen.

Die Chancen sind sehr gering, dass aus einem solchen Smalltalk neue Kontakte und tiefer führende Gespräche entstehen.

Nicht nur bestimmte Themen abspulen und die erstellte Checkliste abarbeiten erzeugt noch keinen guten Smalltalk. Begegnen Sie zwanglosem Plaudern offen und genießen Sie ehrlich, offen und positiv die zwanglosen Gespräche.

Gezwungene Plaudereien führen zu Einsilbigkeit, betretenem Schweigen, unangenehmer Atmosphäre und machen keine Freude. Seien Sie sich immer bewusst, wozu anfänglicher Smalltalk führt und wie wichtig neue Kontakte zu Menschen sind.

6.2. Warnsignale bei schlechtem Smalltalk – wenn sich Ihr Gesprächspartner langweilt

Während der Unterhaltung ist schnell festzustellen, ob sich Ihr Gesprächspartner wohlfühlt und interessiert ist.

Erkennbar ist das an verschiedenen Anzeichen, die Sie beachten und ernst nehmen sollten.

- Werden Ihre bereits gesagten Worte und Sätze von Ihrem Gesprächspartner nur wiederholt, genießen Sie nicht seine volle Aufmerksamkeit. Er ist mit seinen Gedanken ganz woanders. Um nicht unhöflich zu wirken, wiederholt er die letzten Worte, die er aufgeschnappt hat.

- Im Gespräch geht der Blickkontakt verloren. Wer aufmerksam zuhört, interessiert ist und Sympathie für den

Gesprächspartner hat, zeigt dieses im direkten Kontext. Sie stehen sich frontal gegenüber, schauen dem anderen in die Augen und richten den gesamten Fokus auf die andere Person. Dreht sich der Gesprächspartner weg, verliert er den direkten Blickkontakt und symbolisiert nonverbal damit sein Desinteresse. Der Körper lügt nicht und bringt Gefühle mit Körpersprache zum Ausdruck.

- Schaut Ihr Gesprächspartner auf die Uhr oder das Smartphone, bekommen Sie ein aussagekräftiges Signal, dass sich Ihr Gegenüber über kurz oder lang von Ihnen verabschiedet. Der Smalltalk interessiert ihn nicht mehr und wird eher als langweilig und störend empfunden. Wahrscheinlich stellt er sich die Frage, wie lange er das Gespräch noch über sich ergehen lassen muss. „Meine Zeit ist mir dafür viel zu schade!“

- Während des Gesprächs trommelt Ihr Gesprächspartner mit den Fingern auf den Tisch. Eine solche Reaktion signalisiert Ungeduld. Wahrscheinlich wartet er darauf, dass Sie das Thema endlich abschließen und zum Ende kommen. Das ist der Zeitpunkt, wo Sie Ihren Redefluss unterbrechen sollten. Monologe langweilen und bieten keinen Raum für interessante Dialoge, die guten Smalltalk ausmachen.

7. Smalltalk – der Türöffner für Kontakte zu neuen, interessanten Menschen

Plaudereien und seichte Gespräche sind eine spannende Art der Kommunikation. Denn durch die Art und Weise der Gesprächsführung bekommen Sie Zugang zu Menschen, die sie bereichern, inspirieren und sogar dabei helfen, ihre Karriere voranzutreiben.

Angst vor Zurückweisung, Ablehnung und Verurteilung müssen Sie nicht haben. Ihre Angst, auf andere zuzugehen, ist unbegründet, wenn die Techniken von Smalltalk richtig angewendet werden.

Sie können sich sicher sein, dass anderen Menschen das scheinbare Talent des Plauderns nicht in die Wiege gelegt wurde.

Sprechen in jeder Form, also auch Smalltalk ist erlernbar.

Smalltalk beflügelt Ihre Gedanken und erweitert Horizonte, weil Sie mit Menschen ins Gespräch kommen, die auch neue Kontakte knüpfen möchten. Aus der anfänglichen Plauderei können sich spannende Geschäftsbeziehungen, genauso wie Freundschaften im privaten Bereich entwickeln.

Durch Smalltalk haben Sie Gemeinsamkeiten herausgefunden, auf der eine ganz besondere Art von Interaktion möglich ist. Der Mensch ist nicht für das Alleinsein geschaffen, sondern braucht den regelmäßigen Austausch.

Draußen gibt es so viele Menschen, die Ihr Leben im Beruf und Privaten bereichern. Nutzen Sie Ihre Fähigkeiten, suchen Sie sich Gesprächspartner und perfektionieren Sie Ihre Art zu reden. Es macht einfach Spaß, Fragen zu stellen, dem Plaudern zu lauschen und unverfängliche Gespräche mit leichten Dialogen zu führen.

Smalltalk ist ein großes, weitreichendes Thema und es ist ganz normal, wenn sich zuerst komische Gefühle einstellen, wenn Sie an Ihrer Kommunikation arbeiten.

Sie haben jetzt das ganze Wissen darum, was Smalltalk so besonders macht und die richtigen Fragen essentiell sind. Sie kennen die Techniken, haben Antworten parat und haben Ahnung, was zu vermeiden ist.

Bis hierher haben sie es geschafft. Also klopfen sie sich ruhig auf die Schulter. Worauf warten Sie noch? Im nächsten Schritt suchen sie sich Gesprächspartner, um neue Kontakte zu knüpfen.

Quellenangabe

https://karrierebibel.de/smalltalk-tipps/

https://www.computerwoche.de/a/13-goldene-regeln-fuer-small-talk,1888037

https://www.berufsstrategie.de/bewerbung-karriere-soft-skills/small-talk-smalltalk.php

https://de.wikipedia.org/wiki/Alltagsgespräch

https://www.absolventa.de/karriereguide/kommunikation/small-talk

https://de.statista.com/statistik/daten/studie/4467/umfrage/erwartungen-an-ein-gutes-gespraech/

https://magazin.magdableckmann.at/die-7-groessten-fehler-im-humor/

https://www.hafawo.at/produktivitaet-und-kreativitaet/die-top-10-regeln-fuer-gutes-sprechen-und-schreiben/

https://www.absolventa.de/karriereguide/kommunikation/networking

https://karrierebibel.de/netzwerken-richtig-lernen/

https://businesshelden.de/smalltalk/

https://www.palverlag.de/small-talk.html

Haftungsausschluss und Impressum

Der Inhalt dieses Buches wurde mit sehr großer Sorgfalt erstellt und geprüft.
Für die Richtigkeit, Vollständigkeit und Aktualität des geschriebenen kann jedoch keine Garantie gewährleistet werden.

Sowie auch nicht für Erfolg oder Misserfolg bei der Anwendung des gelesenen.
Der Inhalt des Buches spiegelt die persönliche Meinung und Erfahrung des Autors wider.
Der Inhalt sollte so ausgelegt werden, dass er dem Unterhaltungszweck dient.
Er sollte nicht mit medizinischer Hilfe verwechselt werden.

Juristische Verantwortung oder Haftung für kontraproduktive Ausführung oder falsches Interpretieren von Text und Inhalt wird nicht übernommen.

Impressum
Autor: Max Krone
vertreten durch:
Markus Kober
Kreuzerwasenstraße 1
71088 Holzgerlingen

Printed in Germany
by Amazon Distribution
GmbH, Leipzig

23764905R00070